U0068113

作者簡介｜
何顥思（Teresa Robertson）
出生於香港，成長於加拿大，與科學家丈夫住在美國印第安納州的南方，在自家的小農莊裡從事創作。是童書愛好者組織「我們需要不一樣的書」（We Need Diverse Books）導師計畫（mentorship program）非小說類的得主，提倡增進科學和文化的素養。更多訊息請見網站 eresaroberson.com 和推特@TeresRoberson帳號

繪者簡介｜
黃泯瑄（Rebecca Huang）
臺灣繪者，從舊金山的藝術大學（Academy of Art University）獲得藝術學碩士學位，目前住在美國舊金山灣區。著有繪本《波波和新來的寶寶》（Bobo and the New Baby），文字和圖像都是自己創作。更多訊息請至網站 rebeccamhuang.com

---

對於那些幫助撰寫這本書的人：珍・倫（Jane Yolen）給予出色的指導，
克莉絲汀娜・普拉斯（Chirstina Pulles）賦予了我遠見，馬塔斯查・莫里斯（Matascha Morris）相信我，
寫作團體裡的人和留言者給了我不同的建議、鼓勵和溫暖，我的家人給予了所有其他幫助。
—— *何顥思 Teresa Robertson*

知識繪本館

女力科學家1　物理天后
推翻宇宙定律的吳健雄

作者｜何顥思（Teresa Robertson）
繪者｜黃泯瑄（Rebecca Huang）　譯者｜徐仕美
責任編輯｜張玉蓉　美術設計｜陳宛昀　行銷企劃｜劉盈萱

天下雜誌群創辦人｜殷允芃　董事長兼執行長｜何琦瑜
媒體暨產品事業群
總經理｜游玉雪　副總經理｜林彥傑　總編輯｜林欣靜
行銷總監｜林育菁　版權主任｜何晨瑋、黃微真
出版者｜親子天下股份有限公司　地址｜104臺北市建國北路一段96號4樓
電話｜（02）2509-2800　傳真｜（02）2509-2462　網址｜www.parenting.com.tw
讀者服務專線｜（02）2662-0332　週一～週五：09:00-17:30
傳真｜（02）2662-6048　客服信箱｜parenting@cw.com.tw
法律顧問｜台英國際商務法律事務所・羅明通律師
製版印刷｜中原造像股份有限公司
總經銷｜大和圖書有限公司　電話｜（02）8990-2588

出版日期｜2021年3月第一版第一次印行
2024年1月第一版第三次印行

定價｜320元　書號｜BKKKC169P　ISBN｜978-957-503-845-8（精裝）

訂購服務
親子天下Shopping｜shopping.parenting.com.tw
海外・大量訂購｜parenting@cw.com.tw
書香花園｜臺北市建國北路二段6巷11號　電話（02）2506-1635
劃撥帳號｜50331356　親子天下股份有限公司

國家圖書館出版品預行編目資料

女力科學家. 1：物理天后：推翻宇宙定律的吳健雄/何顥思(Teresa Robertson)文；黃泯瑄(Rebecca Huang)圖；徐仕美譯. -- 第一版. -- 臺北市：親子天下股份有限公司, 2021.03
48面；21.6x27.6公分. --（知識繪本館）
注音版
譯自：Queen of physics：how Wu Chien Shiung helped unlock the secrets of the atom
ISBN 978-957-503-845-8(精裝)

1.吳健雄 2.傳記 3.物理學 4.通俗作品

785.28　110000626

Text Copyright © 2019 Teresa Robeson
Illustration Copyright © 2019 Rebecca Huang
Originally published in 2019 in the United States by Sterling Publishing Co. Inc. under the title QUEEN OF PHYSICS: HOW WU CHIEN SHIUNG HELPED UNLOCK THE SECRETS OF THE ATOM.
This edition has been published by arrangement with Sterling Publishing Co., Inc., 1166 Avenue of the Americas, New York, NY, USA, 10036.

立即購買 >
親子天下 Shopping
親子天下 有聲故事書

物理天后 推翻宇宙定律的吳健雄

文／何顥思
圖／黃泯瑄
譯／徐仕美

在中國的瀏河鎮，
吳家正在慶祝新生兒的到來。

這個小娃娃是女孩。

女孩！

她以後會變成什麼樣子？

那個時候，

大多數人不送女孩去上學，
認為女孩沒有男孩聰明，
當然更不鼓勵女孩成為科學家。

但是，吳媽媽和吳爸爸卻不這麼想。
他們覺得，女孩應該到學校讀書，
可以成為她們想要的任何樣子。

他們相信，女兒將會聰明又勇敢，
甚至能改變世界。

爸爸按照家族的命名規則，替她取名為健雄，
意思是「強健的英雄」。

就在吳健雄來到這個世界後沒有多久，
爸爸放棄工程師的工作，
創辦了一所只給女孩念的學校。

媽媽挨家挨戶拜訪瀏河的人家，走到鞋子都磨破了，
她極力勸導鎮民讓家中的女兒接受教育。

所以當健雄準備好要上學時，
有一所學校已經在等著她。

爸爸是校長，媽媽是老師，
教一群小女孩閱讀、寫字，
還有算術。

爸爸和媽媽做的事情也很勇敢，為女兒樹立榜樣。

在爸爸和媽媽辦的學校，
健雄很快學會了一切東西。
她知道如何數數字，
以及加、減、乘、除。
她知道怎麼讀和寫幾百個漢字，
那些字有著氣勢十足的頓點、
曲折的線條，
還有越來越細的尾巴。

27×6

365÷12

健雄準備好要知道更多了！

但是，在1920年代的時候，
離家最近的女子中學在蘇州，
大約要經過八十公里的
鄉間道路才到得了，
途中道路還崎嶇不平、塵土飛揚。
她只好離開家人，住在那裡，
只有寒假和暑假的時候才回家。

媽媽傷心，
爸爸擔心。
可是他們知道，
女兒必須勇闖世界
才能成長。

健雄也知道，
於是她出發了。

學校提供兩種學程：
師資訓練班與普通班。
健雄選擇不用學費的師資訓練班，
不過，她偷看了普通班的課本，
發現裡面多了好多內容。

這些全都由美妙的數學語言串連在一起。

I
B
H
S = K log W

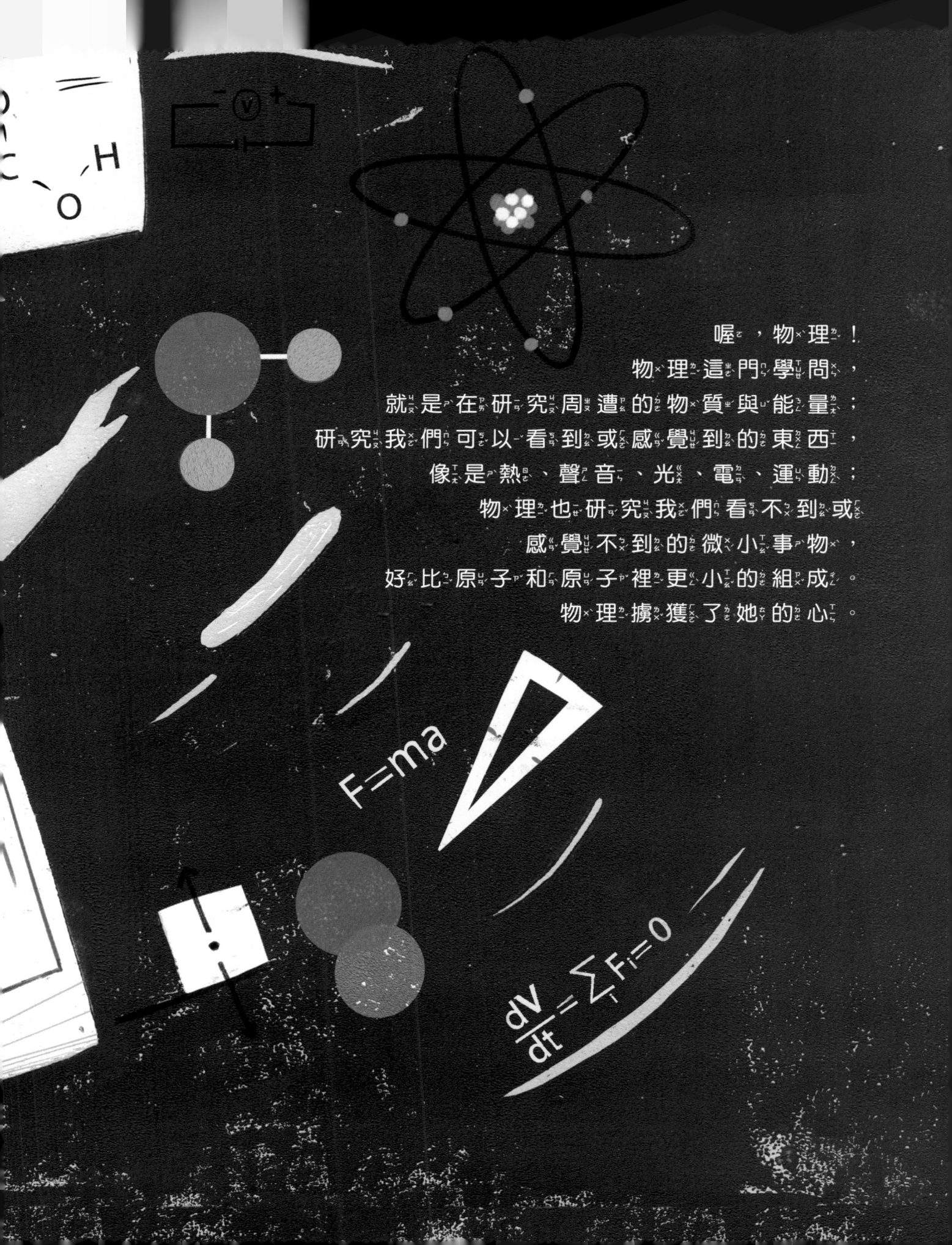

喔，物理！

物理這門學問，

就是在研究周遭的物質與能量；

研究我們可以看到或感覺到的東西，

像是熱、聲音、光、電、運動；

物理也研究我們看不到或

感覺不到的微小事物，

好比原子和原子裡更小的組成。

物理擄獲了她的心。

白天，健雄上自己班上的課，
晚上則研讀向朋友借來的普通班課本。
她說這叫做「自修」，
自修變成她後來一輩子的習慣。

同學注意到，健雄十分用功，而且不畏懼挑戰。她們推舉她當「地下組織」的領袖，要向政府抗爭。當時的人民不許說自己想說的話。如果他們支持不對的人，說了不對的話，或者剛好在不對的時間出現在不對的地方，就可能被政府、軍閥或當地有錢有勢的外國人懲罰，甚至處死。

這些學生想找人帶領，於是要求健雄出頭。

她會怎麼做？ 她能怎麼做？

既然爸爸為她取名為「健雄」，
她就不能辜負這個名字。

健雄的日子忙著上學、
寫作業、 祕密自修，
還有帶領同學罷課和示威，
幾乎沒有時間想家。

時光就這樣飛逝了……

蘇州女子第二師範

建雄已經十七歲，以優異的成績從中學畢業。
要是選擇回家的話，一切都很輕鬆自在，
但她選擇了一條比較困難的路——前往南京讀大學，
比起自己曾經去過最遙遠的地方，
離家有三倍遠的南京更是遙遠了。
她進入中央大學，一開始是念數學系，
一年之後，終於投入自己
最喜愛的學科——物理。

華中衛保

吳健雄因為書讀得好、意志又堅定，
再度成為學生的領袖。
她帶領示威隊伍到委員長蔣介石的辦公廳，
和同學一起呼籲政府對抗日本的入侵。
這時，第二次世界大戰已經近了。

對日抗戰

如同種子要傳播到遠方才能蓬勃茁壯，
健雄在1936年又再一次啟程。
她飄洋過海，橫越一萬公里，
落腳在美國加州大學柏克萊分校。
她將繼續研究原子物理學。

當時的科學家雖然已經知道原子，
但仍了解得不夠完全。
如果能進一步了解原子如何分裂，
就能運用到新發明和科技上，
甚至也許能幫助醫師治療病人。

她專注於研究β衰變，在這個過程中，
原子核其中一個中子，會轉變成質子，
加上一個電子與微中子；
或是原子核其中一個質子，會轉變成中子，
加上一個正電子與微中子。

這就像拆開一包禮物，
發現裡面竟然有三樣禮品。

健雄離開加州之後，輾轉來到紐約的哥倫比亞大學，繼續探索β衰變。

她小心謹慎。

她力求精確。

她進行了一個又一個實驗，直到比任何人都更了解β衰變。
她逐漸累積起名聲，其他物理學家遇到無法解決的問題時，
都會來找她幫忙。

科學家恩里科・費米（Enrico Fermi）認為，在β衰變的過程中，
從中子迸出來的電子，應該有更快的速度才
對。不過，他無法證明，沒有任何人可以證
明。

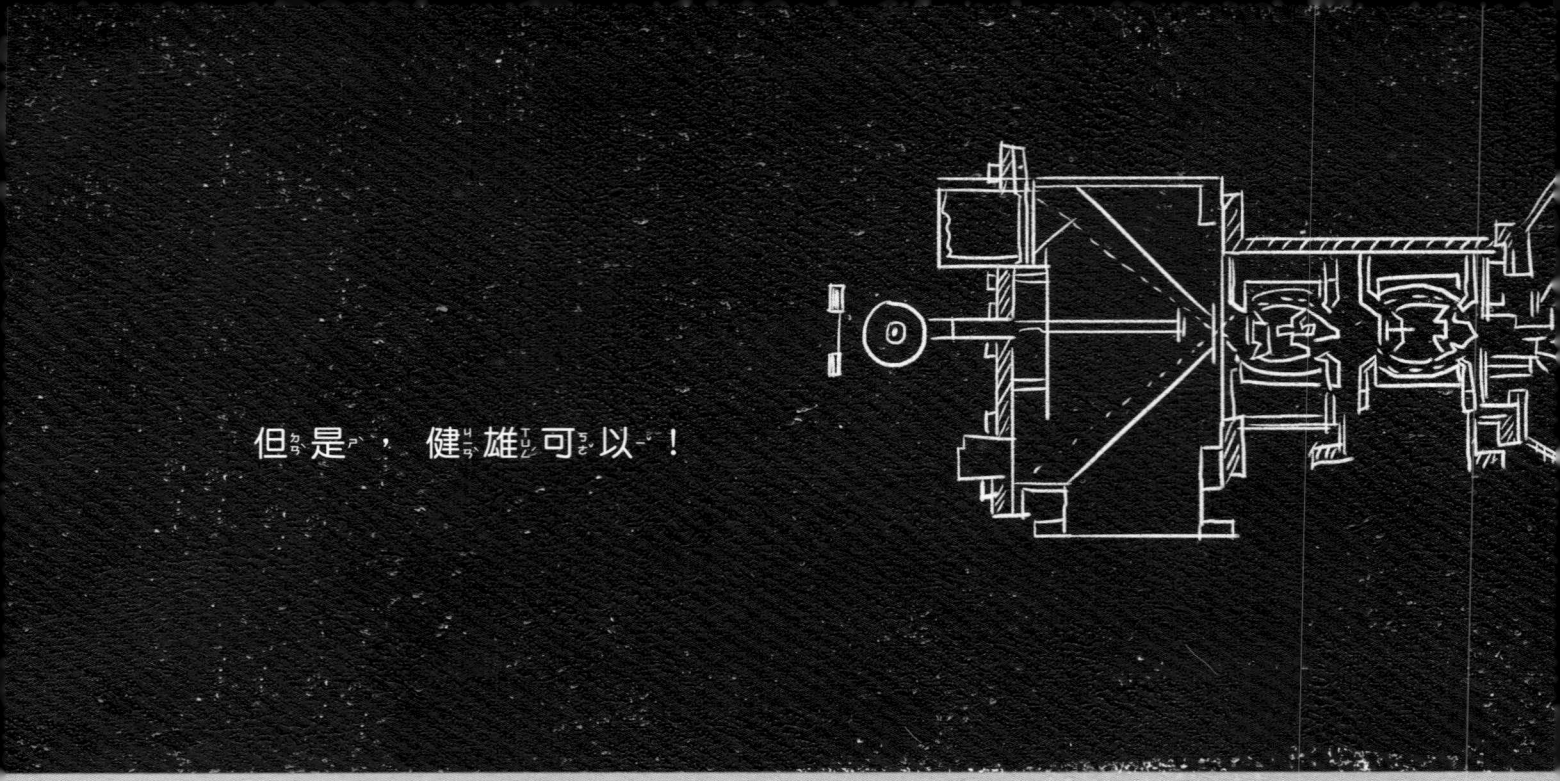

但是，健雄可以！

因為她相當了解β衰變，
所以知道要從何處著手尋找。
由於她是非常細心的研究者，
能夠進行極為困難的實驗
來證明費米是正確的。

許多人認為，
這項成就應該能讓
健雄贏得諾貝爾獎，
但是她沒有得獎。

很多科學家相信自然界不分左右，這種對稱的概念稱為「宇稱性」。

有兩位物理學家，楊振寧和李政道卻提出質疑，於是他們邀請健雄一起探討。

因為健雄曾經研究β衰變的宇稱性，她知道該怎麼做。為了專心投注在這項計畫，她甚至取消回到亞洲的旅程，這是她離開家鄉、遠赴美國之後，第一次有這麼難得、也許能見到雙親的機會。

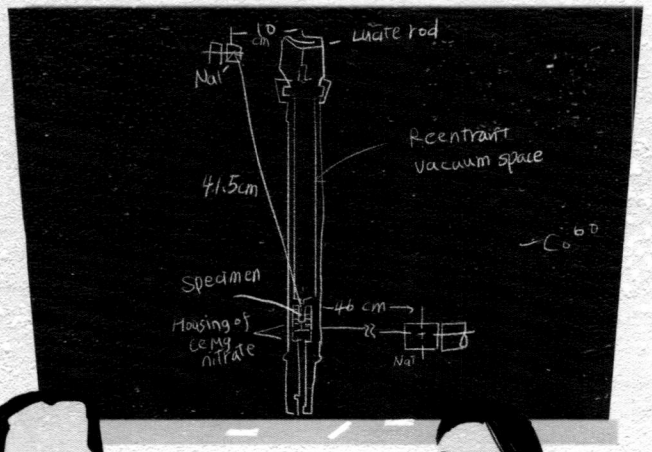

她的勤奮努力有了回報，
結果證實他們兩人是對的！

因為這項實驗，
楊振寧和李政道獲得諾貝爾獎，
但是健雄沒有。

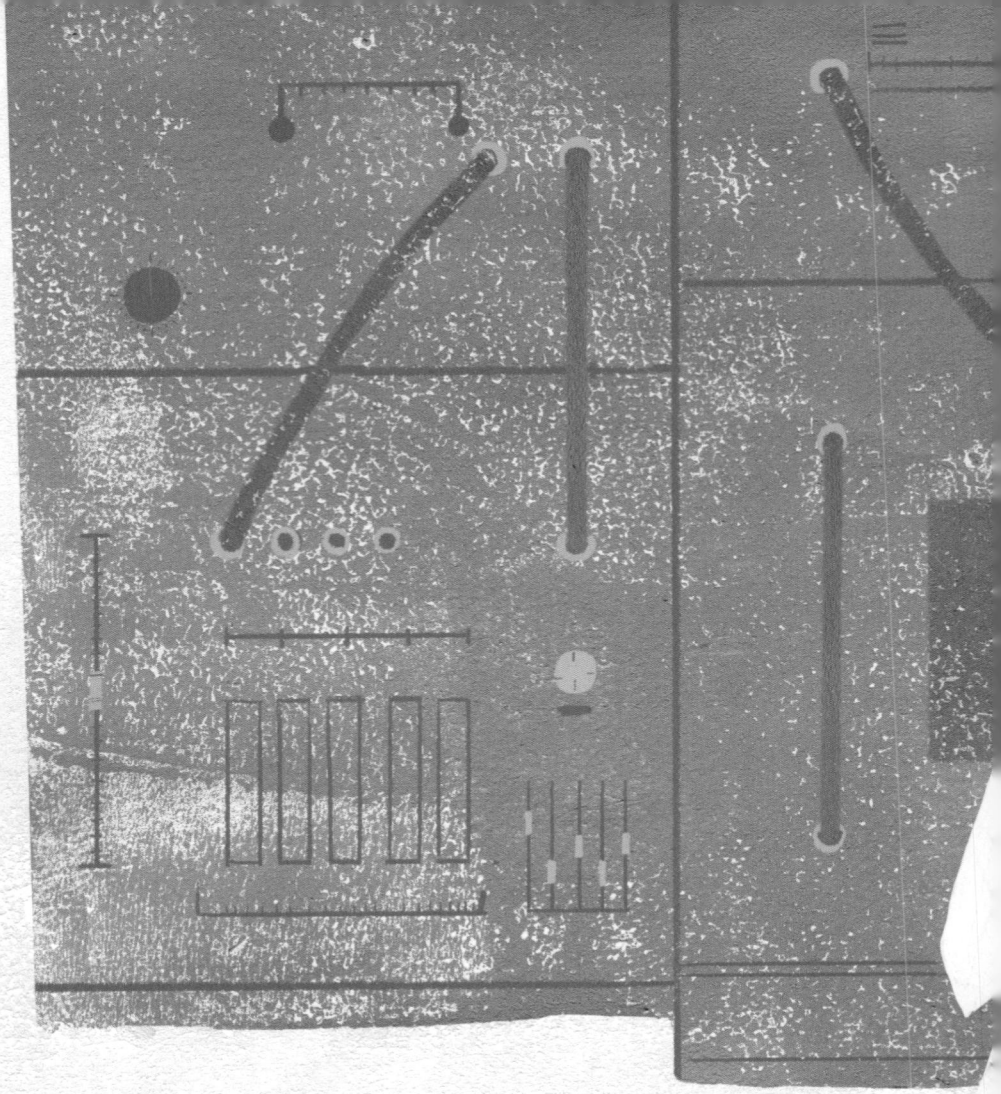

另外有兩位物理學家，
理查德・費曼（Richard Feynman）和默里・蓋爾曼（Murray Gell-Mann），
請她檢驗他們關於 β 衰變特殊公式的假說。
健雄採取一貫縝密周全的方式主導實驗，
成功證實他們的構想是對的。

這項重大發現得到許多科學家的讚賞。
不過，她仍然沒有得到諾貝爾獎，
這是第三次了。

有時候， 健雄得不到她夢想的工作，
因為她是女生，
因為她是亞洲人。

她會難過嗎？ 會的。
她感到失望嗎？ 時常。
她覺得氣餒嗎？ 偶爾。

但是她沒有讓這些感受成為阻礙，而放棄做自己喜愛的事情，因為爸爸總是說：「不要害怕困難，只要埋首努力，繼續往前走。」

其實她只有一道無法克服的難關。

中國因為第二次世界大戰，
政局從此動盪不安，
加上健雄全神貫注於研究工作，
導致她無法在父母過世前回去看他們。

爸爸過世時，她不能奔喪，
她寫信告訴朋友，
說自己「肝腸寸斷」……

儘管如此，健雄在美國的新家園，
繼續勇敢走自己的路。
她為了打破人們對婦女和亞洲人的偏見而奮鬥，
並且成為一位傑出的物理學家，
《史密森尼雜誌》叫她「物理學第一夫人」，
《新聞週刊》稱她是「物理女王」。

這個故事是關於一位來自中國偏遠小鎮的女孩如何努力求學，證明自己跟男生一樣聰明，接著成為科學家，最後甚至變成女王般的傳奇人物！

BUSWEE
物理女王

吳健雄的故事

1912年5月31日，吳健雄出生於中國上海附近的瀏河小鎮，在一個幸福的家庭中成長，有爸爸、媽媽和三位兄弟的陪伴。她的父母與當時許多家長不同，他們相信女孩和男孩是平等的，女孩應該和男孩一樣接受教育。他們鼓勵她奮發向上，即使社會存在著對婦女的偏見。當她在美國遇到針對少數族群的相似偏見時，這種奮鬥不懈的精神同樣支持著她。吳爸爸和吳媽媽相信，並教導她要相信，她能夠做到自己想做的任何事情。她長大之後，也鼓勵其他女孩成為科學家。

吳健雄，也就是學生口中的吳女士（Madame Wu），有許多驚人的成就。除了完成證明β衰變和宇稱不守恆的實驗，她還是：

- 第一位普林斯頓大學聘為講師的女性
- 第一位獲得普林斯頓大學榮譽博士學位的女性
- 在1975年獲選為美國物理學會會長，是該學會的第一位女會長
- 第一位生前就有小行星以個人名字命名的科學家
- 1978年開始頒發沃爾夫獎，她是第一位獲得沃爾夫物理學獎的科學家，也是至今唯一獲獎的女性和華裔科學家。

她不僅是第一位做到這些事情的女生，還是第一位獲得這些榮譽的華人女性。難怪《新聞週刊》稱她為「物理女王」（1963年5月20日，第61期，第20頁）。

1997年2月16日，吳健雄在紐約與世長辭。

名詞解釋

物理學（**physics**）是研究物質與能量的科學；英文的physics源自希臘文的physika，意思是「自然事物」。舉例來說，這個科學在探究與嘗試解答：物質究竟是什麼？物質為什麼會這樣運動？能量是如何創造出來的？我們可以控制能量嗎？物質與能量的關係如何？還有它們是怎樣一起運作的？

原子（**atom**）：你周遭的所有東西，包括你、你家房子、地球、太陽，都是由原子組成的。原子是元素（例如氫和碳）仍然能保持原性質的最小單元。英文的atom借用自希臘文的atomos，意思是「不可分割的」。過去大家認為，如果你不斷分割一樣東西，讓它越來越小，最後你會得到的最小單元是原子。然而我們現在知道，這種想法不正確。雖然原子非常微小，但它是由更微小的中子、質子、電子所組成的。

元素（**element**）：不能用一般的化學方法分解成更簡單的物質，常見的元素例子有氫、碳、氧、金、銀。

電子（**electron**）：組成原子的三種粒子之一，電子是唯一不在原子核內的。電子繞著原子核轉，如同一團雲霧籠罩在外面，情況就類似一群飛蛾繞著走廊下的燈光打轉那樣。每一個電子都帶著一個負電荷。

中子（**neutron**）：組成原子的三種粒子當中，中子是唯一不帶電荷的電中性粒子。中子出現於原子核之中，與質子一起構成某種元素的原子量（原子的質量）。

質子（**proton**）：組成原子的三種粒子中最後一種。質子與中子一起出現於原子核裡。一個質子帶有一個正電荷，通常會與同一原子中一個電子的負電荷抵消。一種元素的質子數量，就是這種元素在週期表中的原子序。

β衰變（**beta decay**）：原子核裡的一個中子或質子「衰變」（也就是分裂）。

微中子（**neutrino**）：在β衰變時，微中子會從原子裡釋放出來，但微中子不只存在於原子裡面，而是到處都有。微中子不帶電荷，和中子一樣是電中性的粒子，而且微中子幾乎沒有質量。微中子的英文名稱 neutrino 來自義大利文，意思是「微小的中子」，因為它們就像非常渺小的中子。微中子能以接近光速的速率行進，除了光子以外，沒有其他東西可以行進得那麼快。

正電子（**positron**）：是電子的反粒子，有點像是電子的雙胞胎手足。

假說（**hypothesis**）：在科學上，「假說」是經過一連串計算與邏輯推理而思考出來、尚未經過證實的想法。接著，通常會有屬於不同團隊的幾位科學家進行一系列實驗，全面且仔細的檢驗假說，直到所有結果似乎都支持這種想法，那麼假說才會變成可信的科學理論。

宇稱性（**parity**）：用來表示一個系統的對稱程度。物理學家討論宇稱性的時候，他們會說「宇稱守恆」或「宇稱不守恆」。當某個東西和它的鏡像對外界的影響有相同反應或回應時，就稱為「宇稱守恆」，反之則稱為「宇稱不守恆」。

參考資料

江才健。《吳健雄：物理科學的第一夫人》。臺北市：時報文化。1996。

Grinstein, Louise S., Rose K. Rose, and Miriam H. Rafailovich, eds. *Women in Chemistry and Physics*. Connecticut: Greenwood Press. 1993. pp. 618-625.

Lubkin, Gloria. "Chien-Shiung Wu, the First Lady of Physics Research." *Smithsonian*, Jan. 1971, pp. 52-57.

McGrayne, Sharon Bertsch. *Nobel Women in Science: Their Lives, Struggles, and Momentous Discoveries.* New Jersey: Carol Publication Group. A Birch Lane Press Book. 1993. pp. 255-279.

Stille, Darlene R. *Extraordinary Women Scientists.* Chicago: Childre's Press. 1995. pp. 188-191.

教案由此去▼

・國民教育輔導團性別平等教育輔導小組 專家推薦與教案設計